PLAN
D'UN DICTIONNAIRE
CHINOIS.

DE L'IMPRIMERIE DE CHARLES,

PLAN D'UN DICTIONNAIRE CHINOIS,

Avec des Notices de plusieurs Dictionnaires chinois manuscrits, et des Réflexions sur les travaux exécutés jusqu'à ce jour par les Européens, pour faciliter l'étude de la langue chinoise,

Par J. P. ABEL-RÉMUSAT,

DOCTEUR EN MÉDECINE.

A PARIS,
CHEZ PILLET, IMPRIMEUR-LIBRAIRE,
RUE CHRISTINE, N° 5.

1814.

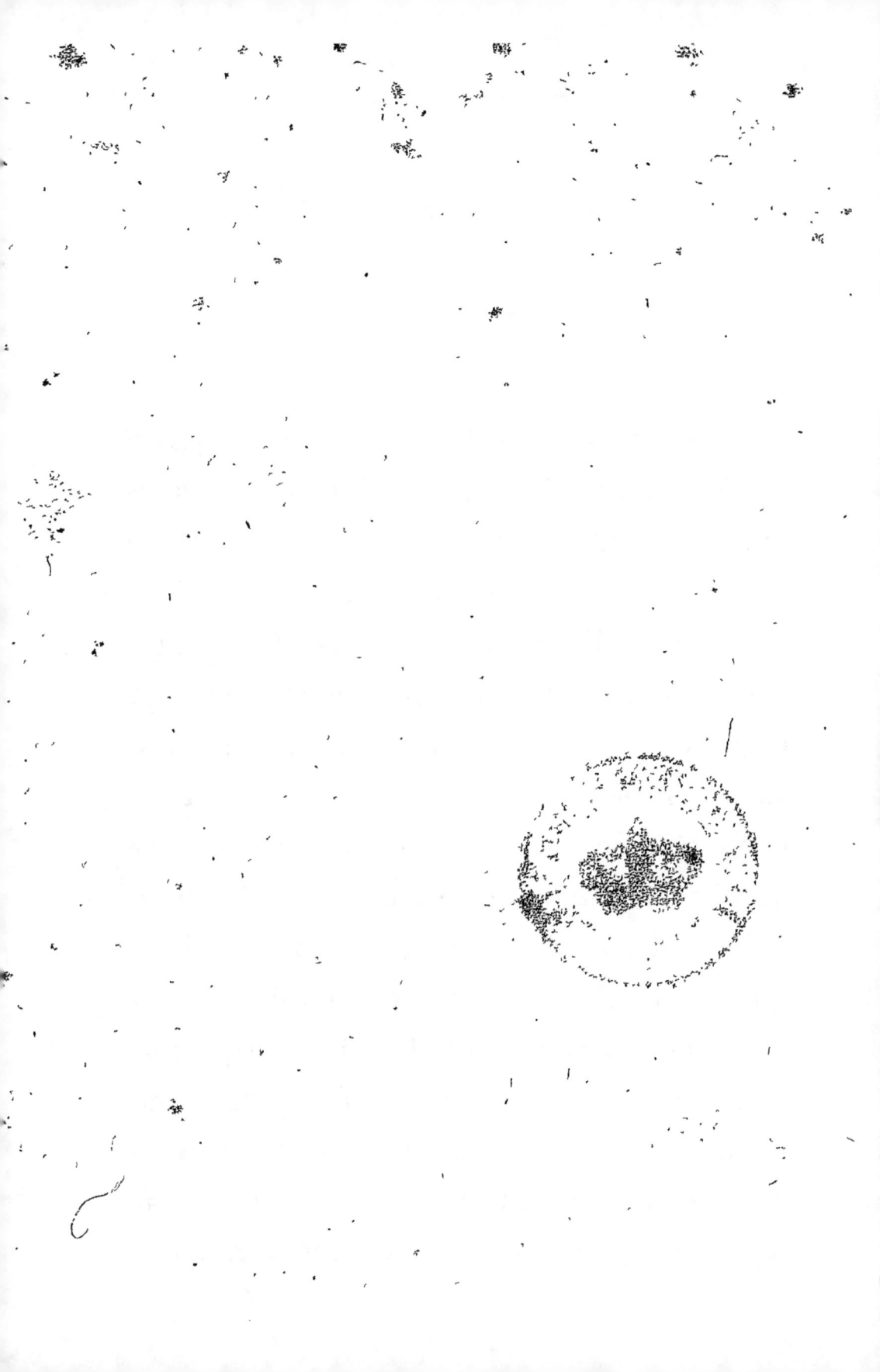

AVANT-PROPOS.

Lorsqu'en 1811 je fis paraître mon *Essai sur la langue chinoise*, où je donnais quelques morceaux extraits d'ouvrages chinois encore inédits, et où j'annonçais des traductions littérales de livres de Confucius, dont on n'a encore que des versions *paraphrastiques*, je crus devoir avertir les lecteurs que les travaux dont je leur offrais le résultat m'avaient coûté beaucoup de peine et de temps, parce que j'avais été privé de l'usage des Dictionnaires interprétés en langues européennes, que les missionnaires ont composés en assez grand nombre; mais dont aucun jusqu'alors n'avait été à ma disposition. J'exposai comment, à l'aide de ceux des ouvrages chinois dont nous possédons des versions ou des paraphrases, j'étais parvenu, en comparant ces dernières avec les originaux, à en extraire un nombre de mots expliqués assez grand pour entendre passablement des Dictionnaires entièrement chinois, et d'autres livres non traduits. Mon intention, en entrant dans ce détail, n'était pas de relever le mérite de mes travaux par l'énumération des obstacles que j'avais eus à surmonter dans l'étude de cette langue difficile, mais de me prémunir contre une critique sévère, et de faire excuser quelques unes des fautes qui auraient pu m'échapper, en présentant le tableau des moyens insuffisans que j'avais eus à ma disposition. C'est peut-être à cette précaution que je fus redevable de l'indulgence que témoignèrent pour le résultat de mes efforts d'habiles orientalistes, bien en état d'y apercevoir et d'y relever des erreurs. D'autres personnes, moins bien intentionnées, cherchèrent à élever des doutes sur la privation absolue de Dictionnaires chinois-européens, dont je me plaignais, et prétendirent qu'il était impossible que j'eusse acquis, sans leur secours, une connaissance quelconque de la langue chinoise ; mais elles n'osèrent s'inscrire publiquement en faux contre un fait pour lequel je pouvais invoquer le témoignage de plusieurs savans et gens de lettres auxquels j'avais soumis ou communiqué mes travaux.

A ce dénuement, qui retarda considérablement mes progrès, et dont je ne pus m'empêcher de me plaindre avec amertume, a succédé une abondance que j'aurais à peine osé espérer, et je la dois en grande partie à l'un des orientalistes qui cultivent la littérature chinoise avec le plus de succès. Bien différent de ces hommes que la conscience de leur faiblesse rend attentifs à fermer l'entrée d'une carrière qu'ils voudraient se réserver, à tous ceux qui pourraient la parcourir plus dignement qu'eux, M. de Klaproth a bien voulu mettre à me procurer les secours dont j'avais besoin, tout le zèle, les soins et la générosité qu'on avait lieu d'attendre d'un savant comme lui, supérieur à tout sentiment de rivalité. Grâce à son obligeance, j'ai été prévenu à temps de la mise en vente de deux Dictionnaires manuscrits précieux, et j'ai pu en faire l'acquisition. Plusieurs autres se sont joints à ceux-là, et c'est sur cette petite collection que je vais donner quelques détails bibliographiques, en y joignant des réflexions propres à faire apprécier ce que les Européens ont fait jusqu'à ce jour dans la vue de répandre l'étude du chinois, et à déterminer ce qui leur reste à faire pour y parvenir.

PLAN D'UN DICTIONNAIRE CHINOIS.

CHAPITRE PREMIER.

Dictionnaires chinois composés jusqu'à ce jour par les Européens.

On ne doit point accuser les missionnaires si l'Europe est encore dans l'attente d'un Dictionnaire qui puisse rendre la littérature chinoise plus généralement accessible qu'elle ne l'a été jusqu'à présent : leurs plus anciens essais en ce genre remontent aux premiers temps de la mission. Le célèbre Matthieu Ricci paraît être le premier qui ait composé un Dictionnaire chinois avec une interprétation en langue européenne, à moins qu'on ne veuille donner la priorité à un ouvrage du P. J. Cobo, qui porte un titre presque énigmatique, (1) et dont aucun exemplaire n'a jamais été apporté en Europe. Kircher, qui parle de l'ouvrage du P. Ricci, (2) dit qu'il en possédait un exemplaire, et qu'il l'aurait volontiers publié, si l'on eût pu en faire les frais. On doit sans doute regretter que le manuscrit du P. Ricci ne se soit pas retrouvé, mais quant à l'édition qu'en eut donné Kircher, on peut douter qu'elle eût été d'une grande utilité. Il faut, pour publier un Dictionnaire, et surtout un Dictionnaire chinois, une grande connaissance de la langue, un esprit méthodique, et l'habitude de ce genre de travail, trois choses que l'auteur de la *Chine illustrée* ne possédait pas à un degré fort éminent.

Le P. Collado, auteur de plusieurs bons livres sur la langue japonaise, est indiqué par *Leo Allatius* (3) comme étant l'auteur d'un *Dictionnaire de la langue chinoise, avec une explication latine et espagnole, en caractères chinois et latins*, imprimé à Rome, 1632, in-4°.

---

(1) *Lingua sinica ad certam revocata methodum, quatuor distinctis characterum ordinibus, generalissimis, generalibus, specificis et individualibus, seu vocabularium sinense.*

(2) Chin. illust. p. 118.

(3) Ap. urban.

Cette indication est bien certainement fausse, quant à l'impression de l'ouvrage; mais il n'est pas impossible que Collado ait effectivement rédigé un Dictionnaire chinois, et l'ait envoyé à la *Propagande* pour y être imprimé. Cependant il me paraît encore plus naturel de supposer qu'Allatius aura pris pour un Dictionnaire chinois, le Dictionnaire japonais (1) qui parut effectivement cette année 1632, mais sans caractères chinois.

Après les troubles qui accompagnèrent la destruction de la dynastie des *Ming*, et l'établissement de celle des *Thsing* ou des Mandchous, la mission de la Chine ayant pris un nouvel accroissement et une plus grande consistance, il devint nécessaire du multiplier les ouvrages élémentaires, afin de faciliter aux missionnaires l'exercice de leurs fonctions apostoliques et des emplois qu'ils obtenaient à la cour de Peking. C'est à cette époque que Gabriel Magaillans fit un *Traité des lettres et de la langue chinoise, pour ceux qui viennent prêcher dans cet empire.* Ce qu'il dit lui-même de ce traité, (2) ne suffit pas pour faire connaître si

---

(1) *Dictionarium sive thesauri linguæ japonicæ compendium.* 1632, in-4°.

(2) Nouv. relat., pag. 91.

c'était un vocabulaire ou une grammaire. Quelque temps après, et sous le règne nommé *Khang-hi*, le P. Bouvet composa un petit vocabulaire chinois-français qui se trouvait il y a quelques années à la bibliothèque du Mans, et qui a passé depuis dans celle de l'Institut. Le P. Parennin et plusieurs autres missionnaires français, espagnols ou italiens, s'exercèrent sur le même sujet et rédigèrent différens Dictionnaires plus ou moins estimables, parmi lesquels on doit distinguer celui du P. Diaz, dont on conserve une copie dans la bibliothèque de Berlin. Ce dernier, suivant la notice qu'en a donnée Lacroze, (1) contient 598 pages à trois colonnes, et 7,160 caractères rangés par ordre alphabétique et expliqués en espagnol. Les caractères chinois et l'écriture espagnole y sont également bien peints ; mais les explications ne paraissent pas y être détaillées, à en juger par les expressions de Lacroze. (2) Je rapporte en note le titre de ce Diction-

---

(1) *Miscellanea Berolinensia*, 1710, pars. I. p. 84.

(2) *Interpretatio.... quæ infra litteras sinenses apposita est, aliquando paucioribus verbis, nonnunquam pluribus, si forte una eademque littera plura significat. id. ibid.*

naire (1). J'ignore ce qu'est devenue une autre copie du même Dictionnaire du P. Fr. Diaz, revue par le P. Antoine Diaz et d'autres dominicains, et qui appartenait à Fourmont (2).

C'est encore aux missionnaires qu'on doit le Dictionnaire que le docteur Mentzel rédigea sous la direction du P. Couplet, quand le grand-électeur appela ce missionnaire à sa cour pour apprendre le chinois à son premier médecin. Si ce Dictionnaire dont M. Montucci s'est servi quelque temps (3) mérite quelque estime, malgré l'état d'imperfection où l'ont laissé ses auteurs, (4) ce n'est pas à Mentzel

---

(1) Vocabulario de letra china, con la explicacion castellana, hecho con gran propriedad y abundancia de palabras, por el Padre F. Francisco Diaz, de la orden de predicadores, ministro incansable en esto Reyno de China.

(2) *Medit. sin.* p. 133.

(3) *Rem. philol.* p. 100.

(4) Ce Dictionnaire a neuf volumes in-fol. : *Mais*, dit M. Montucci, *pour les caractères traduits qu'on y rencontre,*

Apparent rari nantes in gurgite vasto.

Rem. philol. p. 154.

Mentzel avait coupé un exemplaire du *Tseu weï* et l'avait collé sur du papier blanc, se proposant d'ajouter les interprétations latines, à mesure qu'il pourrait se les procurer.

qu'il en faut attribuer l'honneur, car ce savant n'avait pas les connaissances nécessaires pour concourir efficacement à l'exécution d'un semblable travail. J'en juge par l'échantillon qu'il fit insérer à la fin des *Ephémérides des curieux de la nature*, pour l'année 1684. (1) Le petit vocabulaire latin qu'il y donne sous le titre de *Sylloge minutiarum lexici sinici latino-sinico-characteristici*, offre des caractères mal dessinés pour la plupart, et encore plus mal expliqués. Tous ces caractères, d'ailleurs, sont tirés du monument de *Si-'an-fou*, et leur interprétation est extraite de la traduction de ce monument faite par le P. Boym, et insérée par Kircher dans sa Chine illustrée. Mentzel même y a conservé les erreurs qui avaient échappé au missionnaire, et n'a pas mis d'explication aux caractères que Boym n'avait pas traduits, ou qu'il avait rendus trop obscurément. Bien plus, Bayer parle (2) d'une édition de ce même vocabulaire qu'il avait vue dans la bibliothèque de Berlin, imprimée par les missionnaires de Peking en très-beaux caractères sur papier rouge, et en avertissant que ces deux ouvrages

---

(1) Trente-six pages in-4°, non paginées. *Miscellanea curiosa*, etc. Decur. II. Ann. 3. novemb. 1685.

(2) Mus. sin. T. I. Préf. p. 61.

n'en sont qu'un, et ne diffèrent que pour un seul mot; il laisse indécis le point de savoir si Mentzel a copié le vocabulaire de Peking, ou si les missionnaires ont jugé digne d'une réimpression l'opuscule de Mentzel : chose assez peu importante en elle-même, puisque, quelqu'en soit l'auteur, c'est un travail d'un mérite fort médiocre. Au reste Bayer, qui avait en fait de littérature chinoise des connaissances plus solides et plus étendues que Mentzel, a donné depuis lui dans son *Museum sinicum* un vocabulaire chinois non moins imparfait. (1) Mais on peut juger par un mémoire sur le Dictionnaire *Tseu 'weï*, inséré parmi ceux de l'académie de Pétersbourg, (2) qu'il ne manquait pas des connaissances élémentaires, et qu'il aurait pu mettre au jour des ouvrages plus utiles pour les commençans, s'il eût voulu se

---

(1) On prétend qu'il a laissé un Dictionnaire intitulé *Clavis sinica*, en plusieurs volumes in-folio. Mais, si comme on l'assure, il avait rédigé cet ouvrage d'après le *Danet* traduit en chinois par les missionnaires, il ne pouvait être que très-imparfait. Voy. *Versuch, die sinesischen Charaktere zur universalische Sprache zu gebrauchen*, dans le *Journ. zur Kunst and Litteratur*, de de Mürr. Th. IV.

(2) *De lexico Çu goey*. Comment. acad. Petrop. t. VI.

presser moins de les publier, et faire choix pour ses gravures d'artistes un peu moins inhabiles. (1)

L'ordre des temps me conduit à parler des travaux du P. Basile de Glemona sur la langue chinoise. Ce père était de la ville de Friuli, et frère mineur de l'étroite observance. Il fut envoyé en Chine comme missionnaire, et devint vicaire apostolique de la province de *Chen-si*. Peu de temps après son arrivée à la Chine, il composa un premier Dictionnaire dans lequel il suivit l'ordre accoutumé des Dictionnaires chinois, c'est-à-dire celui des tons et des prononciations. Il y mit une préface, dans laquelle il fit entrer quelques considérations sur les tons comparés à nos notes de musique. C'est une idée peu exacte que les premiers missionnaires ont donnée des tons chinois, qu'on trouve exposée dans l'ouvrage de Kircher (2) et reproduite ailleurs, et que Fourmont eût pu rectifier avec moins de mé-

---

(1) Bayer reconnut lui-même l'imperfection de son *Museum sinicum*. « J'ai honte de mon Museum, écrivait-il à Lacroze, tant il contient de choses détestables. — Je penserai sérieusement à le réformer. » *Thes. epist.* Lacroz. t. I. p. 62.

(2) Chin. illust. p. 12.

nagemens et de restrictions qu'il ne l'a fait. (1) Le P. Basile s'aperçut bientôt que cette comparaison exprimait mal l'effet des tons, et il la supprima dans son second vocabulaire.

Il entreprit celui-ci quand il eut reconnu que le premier qu'il avait rédigé ne convenait pas aux missionnaires nouvellement arrivés à la Chine, qui voulaient apprendre la langue de cet empire. Il eut pour secours, dans ce nouveau travail, les vocabulaires de plusieurs missionnaires portugais et espagnols, et quelques Dictionnaires chinois qu'il eut soin de citer. Il suivit une orthographe mixte entre la portugaise, l'espagnole et la française, prenant des unes et des autres ce qui lui paraissait le mieux convenir pour rendre les sons chinois. Le père Horace de Castorano, qui me fournit ces détails, (2) blâme le P. Basile de cette bigarrure; mais il faut avouer qu'il a formé de ces différens emprunts un tout fort régulier, et que par le soin qu'il a pris de rendre toujours les mêmes sons par les mêmes lettres, et de marquer régulièrement les tons et les aspirations par des signes convenus, les mots chinois sont plus

---

(1) Gramm. sin. p. 9.
(2) *Parva elucubratio super quosdam libros sinenses*, etc. *manusc.*

faciles à reconnaître dans son Dictionnaire que dans tous ceux dont j'ai connaissance.

« Quant à ce qui regarde l'ouvrage ou le
» vocabulaire (*litterarium*), ajoute le P. Ho-
» race, je dirai qu'aussitôt après mon arrivée
» à la Chine, je lus plusieurs Dictionnaires ou
» vocabulaires de ce genre, espagnols ou por-
» tugais; mais dès que j'eus le second Diction-
» naire ou vocabulaire du P. Basile (en l'an
» 1706), et que je l'eus comparé avec les au-
» tres, je trouvai que ce vocabulaire était plus
» parfait et plus savant. C'est pourquoi je
» pense que ce R. P. est digne d'une louange
» éternelle, et que son second ouvrage serait
» tout-à-fait digne d'être rendu public, si des
» gens habiles le corrigeaient et le purgeaient
» d'un grand nombre de fautes que la négli-
» gence des copistes a laissé glisser, soit dans
» les lettres latines, soit dans les caractères
» chinois ». J'ajouterai à cet éloge ce que m'é-
crit M. Jules de Klaproth : « Le *Han tseu si i*
» (c'est le titre du Dictionnaire du P. Basile),
» m'a été fort loué, dit-il, par les interprètes
» de Saint-Pétersbourg, comme le meilleur
» de tous ceux que les missionnaires ont com-
» posés. » Ces louanges me paraissent méri-
tées; mais cependant le travail du P. Basile

n'est pas tout-à-fait exempt de reproches, comme on en pourra juger par les considérations suivantes :

En premier lieu, « ce vocabulaire est propre
» pour les missionnaires qui veulent apprendre
» les lettres et les caractères chinois (je me
» sers des expressions du P. Horace), mais
» pour apprendre la langue chinoise, on a
» besoin d'un autre Dictionnaire rédigé d'après
» une méthode plus commode, tel que celui,
» continue le même missionnaire, que j'ai déjà
» fait, avec l'aide de Dieu. Après un travail
» et une étude de plusieurs années, j'ai com-
» posé et rédigé, suivant le modèle du Diction-
» naire de Calepin, un Dictionnaire latin-
» italien-chinois ». Je mets en note (1) la

---

(1) *Labore enim et studio plurium annorum, ad instar Dictionarii Calepini composui ac digessi justum Dictionarium latino-italico-sinicum, ac verborum sinensium ad vulgarem et communem loquutionum usum accommodatum, sed etiam cum litteris seu characteribus usualibus et communibus sinicis, eisdem vocibus et loquutioni e regione superiori correspondentibus. Opus nedum utile, sed et pro novis PP. Missionariis necessarium, dum uno eodemque opere ac tempore, addiscere possunt et linguam sinicam et sinicas litteras vel characteres. Cui operi seu Dictionario, etiam gram-*

suite ce passage, qui nous écarterait trop de notre sujet, mais qui contient l'indication de travaux utiles, et qui peut éclairer sur le véritable auteur de quelques Dictionnaires latin-chinois anonymes qui se trouvent dans plusieurs bibliothèques.

En second lieu, le P. Basile s'est conformé à l'usage qu'il avoit trouvé établi parmi les missionnaires-lexicographes, de n'écrire les expressions complexes et les phrases qui servent d'exemples, qu'en lettres latines dépouillées de caractères. Un tel usage a l'inconvénient de rendre presque inutile cette importante partie du Dictionnaire. Je l'ai déjà dit ailleurs, et je ne puis m'empêcher de le répéter

---

maticam præposui ad linguam sinicam facilius addiscendam. Parva elucubratio, pag. 419—20.

Le P. Horace de Castorano, de l'étroite observance de S. François, était missionnaire à la Chine, et y avait résidé pendant plus de trente-trois ans. L'ouvrage dont j'extrais ces passages est plein de détails intéressans, et montre une connaissance assez étendue de la langue chinoise. Il mériterait d'être publié.

Fourmont parle dans ses *Meditationes* (Præf. p. XXIV.) d'un P. Ch. Horace de Castorano (Il écrit *de Casarano*), revenu de la Chine en 1735, après un séjour de plus de trente années dans cet empire. C'est le même missionnaire que celui dont il s'agit ici.

encore ici : il ne suffit pas d'avoir l'interprétation isolée des caractères qui composent une phrase pour en saisir le sens général. Beaucoup de caractères chinois sont capables de se grouper deux à deux ou en plus grand nombre. Par ce groupement, leur sens particulier et primitif est toujours modifié, souvent entièrement changé. Un assez grand nombre même ne s'emploient jamais seuls, et n'ont un sens que lorsqu'ils sont réunis avec d'autres. Ceux-ci sont, comme on voit, de véritables élémens syllabiques, et constituent par leur assemblage des mots qui ne diffèrent en rien des polysyllabes des autres langues. (1) Écrire ces expressions complexes, les phrases qui en résultent, et les exemples qui en font sentir la force, en lettres latines sans caractères, c'est donc retrancher la plus grande et la plus utile partie

---

(1) J'ai donné quelques développemens à cette idée dans une dissertation intitulée : *Utrum lingua sinica sit vere monosyllabica*, qui doit être insérée dans le tome 3 des *Mines de l'Orient*. J'ai cherché à y prouver que l'idée qu'on se forme ordinairement de la langue chinoise, comme d'une langue composée de mots tous monosyllabiques et *inflexibles*, reposait sur des considérations superficielles et ne pouvait tenir contre un examen un peu approfondi.

du Dictionnaire ; c'est faire, comme l'a dit M. Montucci, (1) un travail qui n'épargnera pas la moindre peine aux commençans, et qui en rebutera un grand nombre, puisque pour savoir écrire en chinois les deux tiers du Dictionnaire traduit, ils devront le compulser pendant des jours entiers pour un seul article. « Il faut accompagner les phrases de caractères chinois, ajoute cet auteur, ou les supprimer en entier ; et si on les supprime, combien cet ouvrage sera-t-il au-dessus du *Museum sinicum* de Bayer ? »

Un troisième reproche que je ferai au P. Basile, c'est d'avoir interverti l'ordre selon lequel les différentes acceptions d'un même mot sont rangées dans les Dictionnaires chinois. Cet objet n'est point abandonné au caprice des lexicographes, et l'on sent bien qu'il n'est point du tout indifférent. Le seul moyen d'avoir une idée nette de la valeur d'une expression, c'est de trouver en première ligne son sens primitif, lequel est ordinairement matériel ou substantif, suivi des acceptions abstraites ou morales et verbales, adverbiales, etc., et des significations variées que l'usage et le temps ont introduites.

---

(1) *Audi alteram partem*, pag. 7.

C'est ordinairement le *Choue-wen* qui sert de règle pour le rang à observer dans leur énumération; mais en Europe, nous pouvons et nous devons nous en rapporter sur cette matière à *Tchang-eul-koung*, à *Liao-wen-ing*, à *Meï-tan*, (1) et aux rédacteurs du *Tseü-tian* publié sous le règne de *Khang-hi*.

A ces imperfections, qui sont inhérentes au fonds même du travail du P. Basile, il s'en joint d'autres qui dépendent du matériel de son exécution, et qui pourraient exposer à commettre de graves et nombreuses erreurs un éditeur peu attentif ou peu habile. L'exemplaire de cet estimable ouvrage que j'ai entre les mains, et dont je donnerai plus bas la notice, est un des plus beaux manuscrits que j'aie vu; il a été écrit dans les années 1714 et 1715, du vivant du P. Basile, et peut-être par lui-même, et c'est suivant une note manuscrite

---

(1) Fourmont (*Gram. sin.* p. 349) et M. de Klaproth (*Inschrift des Yü*, p. 8) nomment ce lexicographe *Meï-yen*, et écrivent la seconde syllabe de ce nom avec un caractère qui doit se prononcer *Tan*. Comme le premier volume du *Tseu 'wei* où sont les préfaces, manque dans l'exemplaire de la Bibliothèque impériale, je ne puis vérifier si ce caractère n'a pas été pris pour un autre qui lui ressemble beaucoup et qui doit se lire *Yen*.

qui se lit sur le frontispice, la copie qui a servi au P. Cerru, protonotaire apostolique, et l'un des principaux missionnaires de cette époque. Les caractères chinois y sont écrits d'une manière fort élégante et en général assez correcte. Pour l'écriture latine, elle est fine, régulière et très-lisible; mais elle fourmille de fautes d'orthographe : on y trouve plusieurs mots coupés en deux parties, d'autres mal à propos réunis en un seul. On y lit *promittere* pour *permittere*, *deligere* pour *diligere*, *scalpere* au lieu de *sculpere*, etc. De plus la ponctuation y est mal marquée : l'explication du caractère principal n'est souvent distinguée par aucun signe de celle des expressions complexes ou des exemples. Enfin ce manuscrit présente un assez grand nombre d'abréviations, et des abréviations assez difficiles pour arrêter ou tromper souvent une personne qui n'aurait pas une très-grande habitude de la langue et des manuscrits latins. C'est ce qui faisait dire au P. Horace de Castorano, qu'il avait besoin, avant qu'on songeât à le publier, d'être corrigé par des gens habiles, et purgé d'un grand nombre de fautes qui s'y sont glissées par la négligence des copistes.

J'ai cru devoir entrer dans ce détail au sujet

d'un ouvrage qui a été jugé digne des honneurs de l'impression, et choisi entre tous dans le dessein où l'on était de donner enfin à l'Europe savante un vocabulaire chinois. Plus le livre est vanté, plus même il est estimable, et plus il est nécessaire de signaler par une critique sévère les défauts qu'il présente, et ce qui reste à faire pour le porter à la perfection. Je me bornerai à une simple énumération pour les travaux des autres Européens qui ont entrepris des Dictionnaires chinois.

Fourmont en avait commencé cinq à la fois : (1) le premier, tout chinois et par ordre de tons et de prononciations, n'était à proprement parler qu'une *table tonique* pour un Dictionnaire par clefs. Le second, disposé suivant le même ordre, mais avec des explications latines, ne devait être que la réimpression augmentée du premier, et avait été, suivant toute apparence, copié par Fourmont d'après le Dictionnaire manuscrit de quelque missionnaire. Le troisième, destiné à l'étude de la langue parlée, devait être fait double, latin-chinois et français-chinois. Le quatrième

---

(1) Catalogue des ouvrages de M. Fourmont l'aîné, pag. 59.

était un ouvrage historique et géographique, dont l'utilité sans doute eut été très-grande, mais dont l'exécution eut exigé plus de connaissances en fait d'histoire littéraire chinoise, que n'en pouvait avoir Fourmont à cette époque. Le cinquième enfin, qui eut été véritablement le Dictionnaire, devait être rédigé suivant l'ordre des clefs, et accompagné de tous les accessoires qu'on trouve dans les lexiques originaux de ce genre. Fourmont mourut au milieu de ses travaux, ayant à peine jeté les premiers traits d'ouvrages qui eussent exigé vingt années encore, et ne laissant après lui qu'une trentaine de portefeuilles, format grand in-folio et fort épais, (1) dans lesquels règne, dit-on, la plus grande confusion, et dont l'on croit qu'il serait impossible de tirer la moindre utilité. N'oublions pas cependant de rendre à Fourmont la justice qui lui est due : il a fait graver d'après ses calques une quantité considérable de caractères chinois, et sauvé par-là à ses successeurs un travail long, difficile, aride, et qui eût pu devenir pour eux une occasion de commettre beaucoup d'erreurs.

---

(1) Notice sur les Dictionnaires chinois de la Bibliothèque nationale, dans le magasin encyclopédique, IVe année, t. 2. p. 199.

Deguignes et Deshauterayes ne s'occupèrent pas du Dictionnaire, et M. J. Hager a, je crois, le mérite d'avoir le premier réveillé l'attention du public sur cet important objet. A peine avait-il fait les premiers pas dans l'étude du chinois, qu'il conçut le projet de rédiger avec le secours des manuscrits qu'il avait trouvés dans différentes bibliothèques, un autre Dictionnaire, dont il proposa d'avance la souscription à Londres, en 1800. Il vint ensuite à Paris dans l'intention d'y exécuter son dessein ; mais le commerce un peu trop assidu qu'il entretint avec les muses grecques et latines, et avec celles de l'Asie occidentale, nuisit peut-être à celui qu'il avait entamé avec les muses chinoises. D'ailleurs, quoiqu'il eût entrepris de publier l'un des Dictionnaires manuscrits de la Bibliothèque impériale, des circonstances indépendantes de son travail s'opposèrent à son exécution, et il se dédommagea de son inaction forcée, par la publication d'autres ouvrages où brille une érudition peu commune, mais étrangère à la littérature chinoise. M. Deguignes le fils, dont on n'avait pas à craindre de pareils écarts, et qui doit avoir acquis à Canton, pendant un séjour de dix-sept ans, la connaissance de la langue parlée des

Chinois, fut choisi pour remplacer M. Hager, et chargé de faire imprimer en trois ans (1) le manuscrit dit *du Vatican*, qui passe pour le meilleur de tous ceux que possède la Bibliothèque impériale de Paris, et qui n'est autre que le *Han tseu si i* du P. Basile de Glemona.

Cependant M. Montucci signalait son zèle pour la littérature chinoise, en attaquant à la manière de l'Arétin, tous ceux qui paraissaient vouloir s'y faire un nom, et relevant impitoyablement leurs erreurs. Ses *Letters on Chinese litterature*, dans lesquelles il avait peu ménagé M. Hager; ses *Remarques philologiques* sur les Voyages en Chine de M. Deguignes le fils, où il prouvait que cet auteur avait puisé dans les mémoires des missionnaires tout ce qu'il avait dit sur la littérature, et n'avait avancé de son chef que des erreurs, son *Audi alteram partem*, ou Réplique à la réponse de M. Deguignes, où il faisait voir d'une manière péremptoire que ce dernier avait eu tort en se

---

(1) Le décret qui lui donne cette commission est suivant M. Deguignes, dans sa réponse aux *Remarques philologiques*, du 20 octobre 1808.

Au reste c'est de *publier* un Dictionnaire qu'est chargé M. Deguignes, et non pas de le *faire*, comme il l'a écrit par inadvertance à la première page de sa réponse.

défendant, et surtout en voulant l'attaquer à son tour, et qu'il n'avait pas été plus heureux dans ses excuses que dans ses récriminations; tous ces ouvrages et quelques autres, quoique principalement dirigés vers la polémique, montraient une érudition chinoise solide, et faisaient espérer que M. Montucci ne se contenterait pas de détruire, et qu'il voudrait enfin commencer à édifier. Quelques essais de Dictionnaires qu'on avait de lui, tant manuscrits qu'imprimés, prouvaient qu'il était en état d'entreprendre cet ouvrage avec une grande probabilité de succès. Le bruit d'ailleurs s'était répandu parmi les savans qu'il faisait graver un nombre considérable de caractères, et qu'il s'occupait à rédiger un Dictionnaire chinois sur un plan excellent. On assure à présent que cet habile et laborieux sinologue a abandonné son projet pour composer un Dictionnaire critique de la langue italienne sur le plan de celui de Feraud. Quelque utile que puisse être ce dernier ouvrage, on ne peut que regretter vivement que M. Montucci l'ait préféré à celui pour lequel il serait si difficile de le remplacer, et que les véritables amis des lettres chinoises soient ainsi exposés à demeurer peut-être long-temps encore privés des secours qu'il pouvait leur offrir.

Je n'ai pas compris dans cette énumération le vocabulaire chinois mis à la fin de la traduction française de la *Chine illustrée* du P. Kircher, ni d'autres listes de mots encore plus imparfaites données par Barrow, Anderson et quelques autres voyageurs ou philologues systématiques, qui ont cru devoir présenter à leurs lecteurs des échantillons de la langue chinoise, et employer dans cette vue un moyen propre tout au plus à faire apprécier les idiomes grossiers des nations sauvages. Ces différens vocabulaires rédigés par des auteurs qui ne savaient pas le chinois, contenant un petit nombre de mots sans caractères, et d'après des prononciations fautives, n'ont jamais pu être d'aucune utilité. Ayant donc terminé l'exposé de ce qu'il y a de plus important dans les travaux lexicographiques des Européens sur la langue chinoise, (1) je vais entrer

---

(1) Ajoutez à l'énumération que je viens de faire les ouvrages suivans, où il est fait mention de Dictionnaires chinois manuscrits. *Monthly magazine*, april, 1804, p. 210. — Remarques philologiques, etc. *ubi suprà*. — *Audi alteram partem.* — *Leichenstein auf dem Grabe*, etc., pag. 53. — Catalogue des ouvrages de Fourmont aîné, pag. 47 et suivantes. — *Grammat. sin.* pag. 501, 512 et suivantes. — *Medit. sinic.*, pag. 135. — *Epistola*

dans un examen plus approfondi en faisant connaître d'une manière particulière les différens Dictionnaires chinois, que j'ai en ma possession.

CHAPITRE II.

Notice de quelques Dictionnaires chinois manuscrits.

Le *Han tseu si i* du P. Basile, (1) ou *Sinicorum characterum Europœa expositio*, tient parmi eux le premier rang. M. Langlès a donné dans le Magasin encyclopédique (2) une notice

---

Stauntonii ad D.um Montucci, ad calcem dissertationis de Studiis sinicis. — Magas. encycl. VIe année, tom. 2, pag. 189 et suiv., où se trouve la *Notice des ouvrages élémentaires manuscrits sur la langue chinoise*, que possède la Bibliothèque impériale de Paris, par M. Langlès, etc.

(1) Coté n° 1. dans ma collection : manuscrit de format in-folio, dont le Dictionnaire proprement dit occupe un peu plus du tiers,

(2) VIe année, tom. 2.

de la copie de cet ouvrage que possède la Bibliothèque impériale. Mais cette notice est purement bibliographique, et M. Langlès s'est particulièrement attaché à la description matérielle du manuscrit, en se contentant de rapporter les titres latins des différens articles qui le composent, sans y joindre d'éclaircissemens. D'ailleurs la copie qu'il a décrite diffère en quelques points de la mienne, et j'ai de bonnes raisons pour regarder celle-ci comme l'original de celle de la Bibliothèque impériale.

Le *Han tseu si i* se compose de trois parties. La première, qui est le Dictionnaire lui-même, contient les caractères rangés par ordre alphabétique, suivant le système orthographique particulier du P. Basile, et par celui des cinq tons adopté par tous les missionnaires lexicographes. Chaque caractère contenu dans une case est accompagné de ses variantes écrites en très-petits caractères, des renvois aux différentes prononciations dont il est susceptible, de son explication en chinois, mais sans caractères, de son interprétation en latin, et de quelques phrases ou exemples aussi en lettres latines et sans caractères. Le frontispice porte ces mots : *Han csu sy ye, Sinicorum charac-*

terum Europæa expositio, ann. D. N. J. C., 1714, Kang-hy, 53. La dernière page finit par ceux-ci : *Finis, ad majorem Dei gloriam, anno Domini* 1715; Kang-hy, 54. Cette partie comprend environ deux cents feuillets non numérotés, quatre cents pages et huit cents colonnes; chacune de ces dernières a treize cases et autant de caractères, sauf le nombre de cases occupées par les prononciations, écrites en grosses lettres en tête de chaque série de caractères homophones, et quelques irrégularités.

J'ai consigné dans le chapitre précédent le jugement porté sur ce Dictionnaire par d'habiles gens qui en avaient fait usage, et j'y ai joint mes observations. Je me bornerai donc à en placer ici le résumé. Le nombre des caractères qui y sont expliqués est trop peu considérable, mais le choix en est généralement assez bien fait. Les caractères homophones ne sont pas toujours disposés suivant cet ordre *analogique* dont Fourmont s'était peut-être exagéré l'importance, mais qu'il est du moins très-utile de conserver dans un Dictionnaire tonique. Les variantes d'écriture manquent souvent et ne sont pas rapportées en assez grand nombre. Il règne quelque désordre dans les différentes acceptions du même mot, et l'auteur ne s'est pas asez rigoureusement conformé pour cet objet à la méthode chinoise. Le nombre des phrases et des exemples est trop petit; et d'ailleurs ils ne sont écrits qu'en lettres latines, ce qui diminue beaucoup de leur utilité. Avec ces défauts, le *Han tseu si i* n'en est pas moins un ouvrage très-estimable, et l'un des meilleurs vocabulaires que les missionnaires aient composés. Mais enfin ce n'est qu'un vocabulaire, qui même en le supposant imprimé tel que le P. Basile l'a rédigé, ne peut dispenser d'avoir recours aux originaux, ni faire perdre le désir d'en voir publier un autre plus complet, plus régulier, et surtout plus propre à faciliter l'intelligence des auteurs.

La seconde partie du *Han tseu si i* se compose de plusieurs tables utiles et assez bien rédigées. La première intitulée *Ta çu lien yu (Ta tseu liun iu)*, ou bien *Usus specialis particulae* Ta, offre cent vingt-un exemples des changemens que cette particule fait éprouver au sens des caractères avec lesquels on la joint. C'est plutôt un sujet de regret et d'inquiétude qu'un secours efficace pour la traduction du chinois, quand on sait qu'il y a un grand nombre de mots qui modifient ainsi la signification, et sur lesquels le Dictionnaire du P. Basile ne donne presque aucune lumière. Je vais rapporter en note quelques exemples pris au hasard parmi ceux que contient cette table. On se souviendra que *ta* signifie proprement *frapper*, *percutere*. (1)

La seconde table est celle des particules numérales, *particulæ numerales*, en chinois *su mo y çie* (*sou mou i tsieï*). Les Latins distinguent par des adverbes de quantité différens les objets qui se mesurent de ceux qui se comptent, etc. Les Chinois distinguent de plus les objets de différente nature qui peuvent se compter, par des particules ajoutées aux nombres. Ainsi ils ne disent pas simplement *i chou*, une lettre, mais *i-foung chou*; *eul nian-tchou*, deux chapelets, mais *eul-tchhouan nian-tchou*;

---

(1) *Tsa*, mélanges. *Ta-tsa*, se dit de celui qui traite plusieurs affaires à la fois.

Tsian, pointe. *Ta tsian*, se refaire en voyage.

Hoa, fleur. *Ta-hoa*, mensonge bien déguisé.

Yan, œil. *Ta yan*, trouer.

Lian-hoa, nymphæa. *Ta-lian-hoa*, se dit des mendians qui chantent agréablement.

Toung, mouvoir. *Ta-toung*, exciter.

Choui, eau. *Ta-choui*, puiser de l'eau.

san khi, trois drapeaux, mais *san-mian khi*, et ainsi du reste. C'est à faire connaître ces particules qu'est destinée la table dont il s'agit: elle en contient quatre-vingt-cinq.

La troisième est une table du cycle sexagénaire qui se trouve dans presque tous les ouvrages des missionnaires. Elle est intitulée *Modus enumerandi annos, more sinico*. On lit ensuite en très-gros caractères ces mots : *Han csu sy ye chung (Han tseu si i tchoung)*, *Sinicorum characterum Europœa expositio, finis. Kang-hy*, 54. Néanmoins, on trouve encore quelques objets supplémentaires, tels qu'une liste des quinze provinces de la Chine, avec le nombre de *Fou*, de *Tcheou* et de *Hien* que chacune d'elles contient, et les tributs qu'elle paye; une suite de pages intitulées *Supplementum*, et qui n'ont pas été remplies; une *table des caractères opposés*, *Tui çu mo lo (Touï tseu mou-lou)*, qui contient trois cents cinquante-trois couples de caractères mis en opposition et soigneusement expliqués, à peu près comme nos synonymes et nos *differentiæ vocum*. Enfin cette seconde partie se termine par une *table des noms de familles*, arrêtée par ordre de l'empereur, *Yu-chi pe kia sing*, rangée suivant le système orthographique de l'auteur.

La troisième partie écrite à la chinoise, c'est-à-dire de droite à gauche et en colonnes, est un *index* des caractères expliqués dans la première, rangés ici par ordre de clefs, et accompagnés seulement de leur prononciation en lettres latines, qui sert de renvoi pour les retrouver dans le Dictionnaire. On voit d'abord une liste des clefs suivant le système adopté par le P. Basile ; elle est intitulée *Pien hoe mo lo (Pian ho mou-lou)*, et contient trois cents clefs, qui y sont rangées d'après le nombre des traits, depuis un jusqu'à dix-neuf. Vient ensuite l'*index* lui-même, intitulé *Lie hoe ching pu (Lieï ho tching phou)*, où les clefs sont placées sans ordre, ou suivant un ordre dont je ne saurais me rendre compte. Un article supplémentaire, sous le titre de *Çsa çsu pu (Tsa tseu phou)*, offre les caractères dont la clef serait difficile à déterminer, rangés d'après le nombre des traits qui les composent, depuis un jusqu'à vingt. Enfin cette troisième partie se termine par une table des caractères qui se ressemblent, *litteræ sibi ad invicem similes, mutuò comparatae ad discrepantiam*. Elle est imitée de celles qu'on trouve dans les Dictionnaires originaux, mais elle est moins bien rédigée, et n'est pas très-correcte à certains égards.

Tels sont les objets contenus dans la copie du *Han tseu si i* qui fait partie de ma collection. Celle du Vatican contient de plus, suivant la notice de M. Langlès, (1) une dissertation préliminaire en latin : c'est apparemment celle dont parle le P. Horace de Castorano. Au reste, ce Dictionnaire a servi de type à tous ceux que les missionnaires ont rédigés depuis cent ans. La plupart des Dictionnaires qu'on a reçus de la Chine, et qui se conservent dans quelques bibliothèques, ne sont que des transcriptions plus ou moins fidèles de celui du P. Basile, avec des retranchemens, des additions, ou quelques légers changemens que les différens copistes y ont faits, chacun suivant l'usage auquel il destinait son exemplaire. J'en ai vu une copie de format in-8°, une traduction espagnole in-4°, et quelques autres ; mais la description que je viens de donner de l'original suffit pour les faire connaître toutes.

J'en pourrais dire autant du premier des Dictionnaires dont je dois l'acquisition à M. de

---

(1) Mag. encycl. VIe année, t. 2. pag. 100.

Klaproth : (1) c'est une copie du *Han tseu si i*, où l'orthographe du P. Basile a été remplacée par la prononciation portugaise. Les explications latines du missionnaire ont été partiellement traduites, soit en français, soit en portugais; et comme les mots de ces différentes langues ne sont guère plus correctement écrits les uns que les autres, il me paraît difficile de décider à quelle nation appartenait l'auteur de cette copie. Quelques-unes de ces explications sont abrégées, d'autres assez considérablement alongées; mais la principale différence de ce manuscrit avec le *Han tseu si i* original, consiste dans l'augmentation du nombre des caractères qui, par le calcul des pages, ne saurait s'élever à moins de quatorze mille, et qui est porté beaucoup plus haut par des additions faites à beaucoup d'entre eux, au moyen d'un simple changement de clef. A la vérité les variantes minuscules du *Han tseu si i* sont ici rangées avec les caractères principaux et écrites sur le même module. Mais malgré la réduction que nécessite cette disposition, je ne crois pas me tromper en

---

(1) N° 2, manuscrit in-fol. sur papier vélin anglais, de 845 pages, contenant chacune deux rangées de huit caractères, sauf les exceptions.

avançant que le Dictionnaire n° 2 est d'un tiers au moins plus riche que le n° 1. C'est un assez grand avantage qu'il a sur ce dernier; mais aussi la copie est moins régulière que l'original ; les mots chinois n'y sont pas toujours bien accentués, et d'ailleurs le mélange des trois langues dans les explications en rend l'usage peu commode.

Sous le n° 3, je désignerai dans cette notice un autre Dictionnaire différent des précédens, et dont le plan, préférable à plusieurs égards à celui du *Han tseu si i*, me donne lieu de penser qu'il a été rédigé à une époque antérieure. Ce Dictionnaire chinois et espagnol (1) ne paraît pas avoir été fait dans l'intention de donner l'interprétation isolée de chaque caractère en particulier, comme tous ceux que les missionnaires ont composés, et comme le *Han tseu si i* lui-même, qui, pour cette raison, mérite plutôt le nom de vocabulaire que celui de Dictionnaire. Les caractères y sont bien suivis de leurs principales significations en espagnol, et un très-petit nombre seulement en sont dépourvus. Mais ce qui fait le prin-

---

(1) Manuscrit in-4°, sur papier chinois, de 872 pages, contenant 1744 colonnes, divisées chacune en 24 lignes, par un cadre rouge qui paraît avoir été imprimé.

cipal mérite de l'ouvrage, et qui le distingue de tous ceux du même genre dont j'ai connaissance, c'est l'attention qu'a donnée son auteur aux phrases et aux expressions complexes dans lesquelles peut entrer chaque caractère. Elles y sont toutes écrites en chinois, d'une manière extrêmement nette, et accompagnées de leur lecture et de leur interprétation en espagnol. C'est dans ce Dictionnaire qu'on peut se convaincre de l'utilité de ces phrases, et prendre une idée juste de ces particules auxiliaires que les Chinois nomment *tseu iu* (*auxiliares voces*) ou *hiu tseu* (*vacui characteres*), et qui sont si nécessaires pour bien entendre les livres, et d'un si grand usage dans la langue parlée. Elles y sont rapportées en fort grand nombre, et leur valeur est rendue sensible par une foule d'exemples. La particule *ta* (*percutere*) dont le P. Basile a fait l'objet d'un traité particulier, et qu'il y présente dans cent vingt-un exemples, en a ici, dans le corps même du Dictionnaire, cent vingt-neuf. Le mot *siang*, qui a dans le *Han tseu si i* cinq exemples au troisième ton (*auxiliari*) et un seulement au second (*reciprocus*), en a ici vingt-six pour cette dernière acception, et quatre-vingt-dix-huit pour la première. Au mot *hoa* (*flos*), on trouve vingt-cinq exemples; au mot *pe (albus)*, quarante-six; au mot *fang (dimittere)*, cent seize; au mot *khi (surgere)* quarante, et ainsi de tous les autres à proportion. Toutes ces phrases sans exception sont, je le répète, écrites en caractères chinois; et un autre avantage qu'elles présentent, c'est que le caractère principal, ordinairement écrit en style *hing* ou *courant*, est reproduit dans le cours des exemples avec des variantes d'écriture ou des abréviations qui ne se trouvent pas dans les Dictionnaires classiques. Il est fort utile de connaître ces caractères abrégés, parce que les Chinois affectent de s'en servir dans leurs préfaces, dans les notes marginales, dans les pièces fugitives et dans les écritures commerciales. Les avantages que je viens d'énumérer assurent déjà à ce Dictionnaire une grande supériorité sur le *Han tseu si i* : ce qui me reste à dire ne peut qu'y ajouter encore.

Tout le monde sait que les caractères chinois ont une prononciation convenue, universellement reçue à la Chine, et entendue par les gens en place et les lettrés, de quelque province qu'ils soient. L'ensemble de ces prononciations forme la langue savante de l'empire, ou comme les missionnaires l'ont appelée, la *langue man-*

darine. On n'observe à son sujet d'autre différence entre les provinces du nord et celles du midi, qu'un peu plus de rudesse et des aspirations plus gutturales dans celles-là, plus de douceur et moins d'aspirations dans les dernières. Au reste, on la croit originaire de la province de *Kiang-nan*, et les habitans de cette province passent encore pour ceux qui la parlent dans toute sa pureté. Mais indépendamment de cette langue universelle, plusieurs provinces et même plusieurs villes de la Chine en ont d'autres qui leur sont propres. Ces sortes de langues provinciales ou de patois se composent en partie de termes empruntés et corrompus de la *langue mandarine*, et en partie aussi de termes originairement différens et appartenant aux idiomes que parlaient les peuples de ces contrées, avant leur incorporation à l'empire chinois. Il serait sans doute intéressant de rassembler quelques débris de ces langues, aujourd'hui presque anéanties, pour les comparer avec celles des pays voisins. Les patois du *Sse-tchhouan* et du *Yun-nan*, ceux des provinces de *Kouang-toung* et de *Fou-kian* surtout, donneraient lieu à des rapprochemens curieux avec les langues du Thibet, de *'An-nan*, des petits royaumes situés au sud-ouest de la Chine, et des îles répandues dans la mer qui la borne à l'orient et au midi. Il en pourrait résulter quelques lumières sur l'origine et les rapports des différentes tribus qui ont été successivement englobées dans la tribu de *Fou-hi*, (1) et dont la réunion a formé la nation chinoise.

Le Dictionnaire dont je donne la notice peut fournir d'abondans matériaux pour de pareils rapprochemens : les caractères y sont rangés par ordre alphabétique, suivant la prononciation espagnole. Mais au lieu des termes de la *langue mandarine* que présentent tous les autres Dictionnaires, il contient ceux de la langue appelée par les Espagnols *Chincheo*, du nom de la ville de *Tchang-tcheou-fou*, que les gens du pays nomment *Tchion-tchiou-hou*. Cette langue, qui a cours dans toute la province de *Fou-kian*, est la langue maternelle de tous les Chinois qui vont trafiquer aux Philippines et de ceux de Batavia. L'auteur du Dictionnaire, dans un court avertissement sur la prononciation, s'exprime à ce sujet de la manière suivante : « Primeramente, se ha de

---

(1) Cette tribu paraît avoir été originairement fixée dans la partie orientale et méridionale du *Chen-sy*, vers les sources de la rivière *Hoeï*.

advertir que la lengua que naman *mandarina* es la comun del reyno, y la que en el corre principalmente en las cortes de Paquin y Nanquin; y para entrar a predicar en este reyno, esta lengua mandarina se debera aprender forçosamente, que como la castellana en España. La que aqui se habla es solo la de la provincia de Chincheo, qu'es como en España Bizcayna. Y ansi como el que solamente sabe Bizcayno, no lo entenderan en Castilla, ansi el que solo sabe la lingua chinchea, solo en esta provincia de Chincheo, y no en lo demas del reyno l'entenderan. Pero para qui en Manila, basta saber la Chinchea, porque todos los que aqui vienen son d'esta provincia Chinchea ». Ajoutez à ces considérations que cette dialecte usitée à Emouy et le long de la côte doit avoir la plus grande analogie avec celle de Canton, et que, sous ce rapport, sa connaissance serait d'une grande utilité pour le commerce. Il est, au reste, impossible d'y suppléer par la langue mandarine : le plus grand nombre des mots a éprouvé des altérations qui les rendent entièrement méconnaissables, et beaucoup d'autres sont au fonds tout-à-fait différens. On en jugera par le petit vocabulaire suivant, auquel j'ajoute les mots de la dialecte de Canton.

Langue mandarine.	Chincheo.	Canton.
Ciel......Thian	Thin. (1)	Thien.
Terre......Ti	Tey	Ti,
Soleil......Ji	Chit	Yet.
Lune......Youeï	Goue	ñit.
Homme....Jin	Lang	Yun.
Père......Fou	Pe	Hou.
Mère......Mou	Bo, vo	Mou
Fils......Tseu	Kian	Tchi.
Tête......Theou	Tao	Taou.
Bouche....Kheou	Tchouï	Hoou.
Cheval.....Ma	Be	Ma.
Thé......Tcha	Te	
Un........I	Tchit, Tcheg.	Yut.
Deux......Eul	No	ñi.
Trois......San	Sa	Sam.
Quatre....Sse	Sy	Si.
Cinq......Ou	Ngou	Ong.
Six.......Lou	Lag	Lok.
Sept......Thsi	Tchhit	Thout.
Huit......Pa	Pe	Pat.
Neuf......Khiou	Kao	Kaou.
Dix.......Chi	Tchap	Sep.
Cent......Pe	Pe	Pak.
Mille......Thsian	Tchhan	

J'achèverai de faire connaître le Dictionnaire *chincheo-espagnol* en transcrivant un article

---

(1) Je transcris à la française les mots qui dans l'original sont écrits à l'espagnole.

entier, qu'on pourra comparer avec l'article correspondant du *Han tseu si i*. Je choisis cet exemple parmi les caractères que le P. Basile a le mieux expliqués, et j'avertis que, pour le plus grand nombre, le résultat de la comparaison est encore plus à l'avantage du Dictionnaire *chincheo*.

Han tseu si i, Dictionnaire, n° 1.

Fa — (1) producere, erumpere, procedere, germinare, emittere, fermentescere. *Ta* Fa, mittere, legare. Fa *tuon*, incipere. Fa *ky*, irasci. Fa *xy*, sagittari. Fa *xy*, jurare. Fa *ming*, clare explicare. Fa *yang*, evulgare. *yeu* Fa, multo magis. Fa *ping*, ægrotare. Fa, pinguescere. Fa *csie*, vel Fa *csay*, ditescere. Fa *je*, febrem pati. *Szu* Fa *leao*, res jam innotuit. *Pie* Fa, ventus frigidus; ver et æstas, *dicitur* Fa; autumnus et hyems *dicitur lien*. — (Une variante latérale.)

---

(1) N'ayant pas de caractères chinois à ma disposition, je me contente d'indiquer par un — la place qu'ils occupent dans les deux manuscrits. Je supprime, par la même raison, les accens et les gutturales.

Dictionnaire Chincheo, n° 3.

— *Huar* (1), brotar; *huar qi lay*, lo que sale a algun lugar, lo que sale de cassa. (*Fa*, erumpere; *fa khi lai*, qui in locum aliquem exit, qui exit e domo.)

— — *Huar* (variante) *lo*. Despachar, como pleyto. (*fa lo*, absolvere, v. g. litem.)

— — *Huar pue sou chay*.... (*fa pheï so tsaï*....)

— — *Huar guan*, jurar. (*fa yuen*, jurare.)

— — *Huar sy*, idem. (*fa chi*, idem.)

— — *Huar hong*, desterrar. (*fa fam*, pellere.)

— — *Huar uy*, enojarse derepente. (*fa goei*, irasci subito.)

— — *Huar hun*, animarse, poner las fuerças. (*fa fuen*, excitari, vires adhibere.)

Mau lang, enojarse. (*meugin*, irasci.)

— — *Huar non*, enorjarsu. (*fa me*, irasci.)

— — *Huar giap*, cuydado, cansado, de cuydados. (*fa nie*, cura, molestum, dicitur de curis).

---

(1) Ou *Fouar*: le *h*, dans la prononciation espagnole, remplace assez souvent le *f*.

Remarquez que je ne change rien à l'orthographe des mots chinois qui sont ici écrits à l'espagnole. J'ajoute entre parenthèses la prononciation mandarine des mêmes mots, aussi écrite à l'espagnole, et la traduction des explications en latin.

— — *Huar cag*, el negocio estar descubierto. (*fa kio*, res patefacta est.)

— — *Huar xier*, brotar la calentura; dar le calentura. (*fa ge*, exsurgere febrem; febrem impertiri.)

— — *Huar san*, sudar el enfermo. (*fa san*, ægrum sudare.)

— — *Huar hien*, salir a luz, avistar buenos deseos iestimulos. (*fa hien*, patefieri......)

— — *Huar beng*, brotar la luz. (*fa mim*, lucem prodire.)

— — *Huar hong*, lebantarse l'apostema. (*fa hoam*, tumorem expromi.)

— — *Huar hong*, lebantarse el biento. (*fa fum*, ventum surgere.)

— — *Huar tong*...... (*fa tum*....)

— — *Huar liau*, el negocio se descubrio. (*fa leao*, res manifestatur.)

— — *Huar cheg*, enriquecer. (*fa çsie*, ditare.)

— — *Huar han*, tomar sudores. (*fa han*, sudorem capere.)

— — *Huar hio*, brotar la oja. (*fa ye*, erumpere folia.)

— — *Huar ge*, brotar los arboles. (*fa ya*, crescere arbores.)

— — *Huar chau*, brotar la yerba. (*fa çao*, crescere herbam.)

— — *Huar yo*, brotar el arbol renuevo. *Hua huar yo.* (*fa yam*, arborem denuo crescere.)

— — *Huar sim*, hir se lebantando y creciendo el coraçon del arbol. (*fa sin*, cor arboris surgens et crescens.)

— — *Huar chiu*, nacer, brotar la barva. (*fa siu*, nasci, crescere barbam.)

— — *Huar mo*, crecer el cavello. (*fa mao*, crescere capillos.)

— — *Huar peng*, enviar soldados a pelear. (*fa pim*, mitten milites ad pugnam.)

— — *Huar qilay*, lebantarse lo que nace o brota, como yerba. (*fa khi lai*, surgere, quod nascitur vel crescit, v. g., herba.)

— — *Huar chur lay*, brotar la yerba. (*fa chu lai*, erumpere herbam.)

Comme mon but dans cette notice n'est point d'accumuler inutilement des détails bibliographiques, mais de faire connaître des travaux estimables, d'en critiquer les différentes parties, et de rattacher à cet examen quelques réflexions sur des points de littérature chinoise qui ne sont pas sans importance, je ne dirai rien de quelques autres Dictionnaires que j'ai dans ma collection ; je me contenterai d'indiquer un vocabulaire par ordre de clefs, (1) qui peut servir de supplément au *Han-tseu si i.* Ce dernier ouvrage, rédigé suivant l'ordre alphabétique, ne peut servir à la recherche des caractères qu'à l'aide d'une table par clefs. Le P. Basile en a bien joint une à son vocabulaire, mais il en a disposé les caractères d'après un système de clefs particulier, système assez imparfait, à mon avis, et qui exige de la part de ceux qui n'y sont pas habitués, une nouvelle étude des élémens de l'écriture. Le vocabulaire n° 4 est, au contraire, rédigé suivant les deux cent quatorze clefs, telles que les ont enseignées Fourmont et Deshauterayes, et telles qu'elles ont été adoptées par les auteurs des Dictionnaires chinois les plus méthodiques et les plus répandus en Europe. Il est d'ailleurs d'autant plus propre à servir d'*index* au *Han tseu si i*, que l'orthographe des mots chinois est exactement la même dans les deux ouvrages. Le petit vocabulaire peut contenir, d'après un calcul que je crois assez exact, sept mille cent quatre-vingt-neuf caractères, avec des explica-

---

(1) Coté n° 4., manuscrit in-8°, sur papier chinois, de 402 pages divisées en 804 colonnes contenant chacune dix caractères, sauf les exceptions. Broché à la chinoise.

tions très-courtes, et ne consistant qu'en quelques mots. Il serait fort insuffisant pour traduire, mais il facilite le recours aux dictionnaires toniques. Il est d'ailleurs écrit avec une netteté et une correction qui le rendent commode à consulter, et qui en font une sorte de *Manuel* ou de *Dictionnaire portatif*.

CHAPITRE III.

Plan d'un Dictionnaire chinois.

Après avoir, dans les chapitres précédens, fait connaître les principaux Dictionnaires chinois rédigés par les Européens, et balancé leur mérite avec les défauts qu'on peut leur reprocher, je vais tracer le plan d'un ouvrage qui, réunissant les avantages de tous, serait nécessairement préférable à chacun d'eux en particulier. C'est en faisant usage des travaux des missionnaires qu'on parviendrait à les surpasser, et la gloire qu'ils se sont acquise en préparant d'excellens matériaux pour un Dictionnaire chinois, ne serait nullement ternie par celle à laquelle pourrait prétendre l'homme laborieux qui viendrait à bout d'élever ce monument en l'honneur de la littérature chinoise.

Il me semble qu'on devrait choisir pour base l'un des Dictionnaires originaux que les Chinois estiment le plus, le *Tching tseu thoung* par exemple, ou le *Khang-hi tseu tian*, qui n'en est qu'une édition plus nette et plus régulière. On y prendrait la série des caractères dont le nombre s'élève à plus de trente mille; l'on pourrait, au moyen de quelques additions, le porter à quarante mille, qui formeraient comme le fonds de la langue chinoise et le noyau auquel se rattacheraient les objets dont je vais parler.

On placerait sous chaque caractère sa forme antique et les dégradations variées qu'elle a éprouvées par l'effet du temps jusqu'à sa forme actuelle. Le *Tching tseu thoung* donne assez ordinairement cette série chronologique, mais en caractères trop petits et trop confusément imprimés. Il y a à la Chine des vases de cuivre, des *ting* ou *tripodes*, des cloches, des tables de pierre, etc., dont les inscriptions ont été réunies par les Chinois dans des ouvrages destinés à les expliquer. Nous avons d'ailleurs en Europe plusieurs Dictionnaires chinois consacrés aux caractères antiques, et qui fourniraient d'abondans matériaux pour l'objet dont il s'agit. On pourrait prendre pour modèle dans cette partie de l'ouvrage le travail que M. J. de Klaproth a exécuté sur l'inscription de *Iu*, et au moyen duquel il a si bien démontré la conformité des caractères de ce monument avec les *tchhouan* ou caractères anciens des différens âges.

Après les formes anciennes des caractères, on placerait les variantes d'orthographe dont ils sont susceptibles. Plusieurs caractères s'écrivent communément dans le style manuscrit avec quelques traits de moins, rarement avec quelques traits de plus, quelquefois avec des clefs différentes; souvent même un caractère s'abrège d'une manière qui le rend méconnaissable, et de quinze ou vingt traits dont il doit être composé se réduit à cinq ou six. J'ai dit plus haut quel usage les Chinois faisaient de ces abréviations, et combien il était nécessaire de les connaître pour entendre les livres ordinaires. Je dois ajouter que beaucoup de caractères homophones s'emploient les uns pour les autres, et, quoique ayant chacun un sens particulier, se prennent cependant pour variantes les uns des autres : source abondante de contresens et de méprises contre lesquels un bon Dictionnaire doit mettre en garde. Le *Haï phian*, le *Thoung wen to* et le *Yun-yo* suppléeraient pour cet objet à l'insuffisance des Dictionnaires classiques. Je ne saurais proposer de meilleur modèle pour la manière dont devrait être traitée cette partie du Dictionnaire, que l'article *tsaï* donné par M. Montucci (1).

On joindrait aux caractères leur prononciation en lettres françaises, non pas seulement suivant la langue mandarine, mais aussi suivant celles de *Tchang-tcheou* ou du *Fou-kian*, du *Kouang-toung*, de '*An-nan*, avec tout ce qu'on pourrait se procurer des patois de la Chine et de la langue des peuples qui se servent des caractères chinois. On noterait aussi avec soin ce qui nous reste des anciennes prononciations des caractères, surtout à une époque antérieure au séjour des empereurs chinois dans le *Kiang-nan*. On tire quelques lumières sur ce sujet de la considération des rimes dans quelques odes anciennes du *Chi-king* ; et d'ailleurs les lexicographes chinois n'ont pas autant négligé l'étymologie qu'on pourrait le craindre

---

(1) *Audi alteram partem*, pag. 6.

de la part de gens accoutumés à peindre des idées plutôt que des sons.

On rapporterait ensuite les caractères synonymes, les opposés et les définitions en chinois d'après le *Tseu tian*, avec une interprétation latine, pour laquelle on se servirait avec avantage du *Han tseu si i* et des autres manuscrits des missionnaires, en les revoyant avec soin, et en en disposant les différentes parties conformément à l'ordre adopté par les meilleurs philologues chinois. On placerait immédiatement après les expressions complexes, en caractères chinois avec leur prononciation et leur explication. Mon Dictionnaire *Chincheo* (1) en fournirait un grand nombre; on en trouverait beaucoup aussi dans le *Thsing wen kian* ou Dictionnaire chinois-mandchou, et l'on compléterait cet objet en ajoutant les caractères aux phrases que les missionnaires rapportent dans leurs différens ouvrages.

Il serait indispensable d'ajouter à chaque caractère au moins une phrase ou un exemple pour chacune de ses acceptions. Le *Tseu'weï*, le *Tching tseu thoung* et le *Tseu tian* fournissent de semblables exemples; mais on aurait

---

(1) Notice, n° 3.

besoin de vérifier toutes leurs citations et d'y joindre des renvois circonstanciés. Les auteurs ou rédacteurs de ces Dictionnaires se contentent, en rapportant une phrase, d'indiquer le livre d'où ils l'ont tirée, le *Meng-tseu*, par exemple, le *Lun-iu*, le *Thoung-kian*, etc. Il faudrait marquer avec soin le livre, le chapitre et l'article où se trouve la phrase citée, et renvoyer même à la page d'une édition convenue, en évitant le vague des citations de Fourmont, qui cite *Confucius*, p. 42, lin. 4, (1) sans dire de quel livre de Confucius il veut parler, ni de quelle édition il se sert. Au moyen de ces précautions, on serait toujours en état de vérifier les explications des caractères et de prendre une idée juste de la manière dont ils sont employés par les bons auteurs. On ajouterait d'ailleurs une astérisque à ceux qui se trouvent dans les *King* ou les anciens livres, et l'on aurait par-là, d'un seul coup d'œil, la langue des lettrés, telle que l'a employée l'école de Confucius et la collection des véritables caractères classiques.

Enfin il faudrait que les différens tons, les différentes prononciations, les acceptions va-

---

(1) Grammat. sin. p. 67.

riées d'un même mot fussent soigneusement distinguées, et qu'à chaque section on marquât les variantes et les synonymes; car tel caractère qui peut se prendre pour un autre en un certain sens, ne le pourra pas dans tel autre sens, et c'est ce qu'il est essentiel de déterminer.

Je ne me dissimule ni les difficultés, ni la vaste étendue du plan que je propose, et je crois même qu'il exigerait peut-être le travail de plusieurs sinologues; mais ce n'est que quand il aura été rempli qu'on possédera un Dictionnaire vraiment complet, d'une égale utilité pour le commerce et la littérature, et qu'on pourra entendre les livres de toutes les dynasties, et sur toutes les matières, sans avoir recours aux Dictionnaires originaux.

Pour bien exécuter un pareil Dictionnaire, il serait nécessaire de relire la plume et le pinceau à la main les *King*, les *Sse chou*, le *Hiao king*, le *Tao te king*, le *Thoung kian kang mou*, etc. Ce travail serait long sans doute, mais de quelle utilité ne serait-il pas pour celui même qui s'y livrerait! Quels trésors il amasserait, tout en parcourant ces chefs-d'œuvre de la littérature chinoise, et qu'il serait amplement dédommagé de l'emploi de ses veilles! La composition d'un Dictionnaire excellent en deviendrait pour lui le moindre résultat. Une connaissance parfaite de la langue et des meilleurs livres, l'éclaircissement d'une foule de points difficiles en histoire et en géographie, de nombreux et importans sujets de mémoires sur les antiquités, la philosophie, les sciences et les arts de la Chine, voilà des récompenses capables de tenter, indépendamment d'aucun autre motif, tout sinologue un peu zélé. La seule certitude de publier un jour le fruit de ses efforts serait pour lui un encouragement nécessaire, et l'on n'aurait pas lieu d'appréhender qu'il retardât cette publication, par la crainte des critiques ou par des considérations intéressées.

Je ne crois pas avoir besoin de rappeler ici toutes les raisons qui me font préférer l'ordre des clefs à celui des tons, et parmi les différens systèmes de clefs, celui qui en contient deux cent quatorze, à ceux où l'on en trouve un moindre ou bien un plus grand nombre. Il suffira d'observer que puisqu'on ne peut retrouver les caractères dans un Dictionnaire tonique qu'à l'aide d'une table par clefs, ce serait faire un ouvrage presque inutile que de publier le premier sans cette appendice indispensable. Que si l'on veut réunir les avantages des deux systèmes et faire imprimer un Dictionnaire par tons avec son index, je n'y vois aucun inconvénient, et l'ouvrage n'en aura que plus de mérite; mais si l'on veut opter et ne donner que l'un des deux systèmes, il n'y a point à balancer sur le choix, et l'on doit incontestablement adopter l'ordre des clefs.

C'est d'après mon opinion particulière que j'ai porté à quarante mille le nombre des caractères qui devraient se trouver expliqués dans le Dictionnaire chinois-latin dont j'ai tracé le plan, et je ne dois pas dissimuler qu'un nombre beaucoup moins considérable a paru suffisant à plusieurs habiles sinologues. « Pour l'avancement de la littérature chinoise, dit M. de Klaproth, (1) il suffirait qu'un gouvernement ou quelque riche particulier fît imprimer un Dictionnaire de huit ou dix mille caractères avec une interprétation latine, dans lequel les phrases seraient écrites, non comme dans les Dictionnaires des Jésuites, en lettres latines, mais en caractères chinois ». M. Montucci ne paraît pas très-éloigné de ce sentiment; mais quelque déférence que je doive aux lumières de ces habiles philologues, j'ose dire

---

(1) Allgemeine litteratur Zeitung, 19 mai 1811.

qu'ils ont considéré les difficultés de la langue chinoise, moins par ce qu'elles sont en elles-mêmes, que par le peu de peines qu'il leur en a coûté pour les surmonter. En pareil cas, on est quelquefois mauvais juge par trop d'habileté, et c'est aux moins instruits qu'il appartient de décider avec connaissance de cause, de la nature et de l'étendue des secours qui leur sont nécessaires. Pour moi, qui fais habituellement usage des Dictionnaires dont j'ai donné plus haut la description, tout en reconnaissant qu'ils peuvent suffire pour l'intelligence des livres ordinaires de géographie, d'histoire ou de philosophie, j'avoue que j'ai souvent été arrêté, principalement en lisant des livres d'arts ou de sciences, par des termes techniques, ou par des mots ordinaires pris dans un sens technique, et qui non seulement ne se trouvent pas dans les vocabulaires des missionnaires, mais manquent encore assez souvent dans le *Tseu'weï*, le *Tching tseu thoung*, et autres Dictionnaires tout chinois. D'ailleurs on ne peut, même en traduisant les livres historiques, accorder une confiance implicite aux Dictionnaires chinois-européens les plus parfaits, sans risquer d'être assez souvent induit en erreur : c'est une chose qu'attesteront tous ceux qui en ont fait usage, et qui ont voulu s'enfoncer un peu avant dans la littérature chinoise. M. de Klaproth pense que pour éviter ces inconvéniens « il suffirait de faire venir de Canton une centaine d'exemplaires environ du Dictionnaire *Tseu 'weï* qui est à bon marché, et de les donner avec le Dictionnaire chinois-latin, dont on ne débiterait probablement pas un plus grand nombre d'exemplaires. Les mots qu'on ne trouverait pas dans celui-ci, continue-t-il, on les chercherait dans le *Tseu 'weï*, et l'on traduirait leur interprétation chinoise. » Je ne sais si cet expédient serait très-praticable, mais je crois qu'il vaudroit mieux encore incorporer dans le Dictionnaire chinois-latin la substance du *Tseu 'weï*, et surtout du *Tseu tian*, et qu'en faisant ce travail une fois pour toutes, on sauverait à ceux qui par suite apprendraient la langue, une grande perte de temps, beaucoup de peine, et probablement aussi un grand nombre d'erreurs. La question, comme on voit, se réduit à savoir s'il vaut mieux donner au public un Dictionnaire tout fait, qu'un Dictionnaire à faire, et s'il est bon de laisser aux commençans à surmonter des difficultés considérables, quand on pourrait les leur sauver, en publiant un ouvrage plus complet et plus approprié à leurs besoins.

On pourra me faire quelques objections sur les autres objets que je voudrais insérer dans le Dictionnaire. La connaissance des caractères anciens, par exemple, n'est pas nécessaire pour entendre les livres ordinaires, ni même les *King* et les autres ouvrages de l'antiquité, qui tous ont été traduits en caractères modernes, et ne s'impriment plus à présent que de cette manière ; mais ces caractères anciens se retrouvent sur d'anciens monumens et des monnaies, et s'emploient même encore aujourd'hui pour les sceaux, certaines inscriptions et d'autres objets de fantaisie par lesquels on peut se trouver arrêté, si l'on n'a pas le secours d'un livre où ils soient expliqués. D'ailleurs, et cela est bien plus important, c'est par l'analyse de ces anciens caractères qu'on peut arriver à l'étymologie d'un grand nombre de caractères modernes, retrouver leur signification primitive, et parvenir ainsi, par une connaissance approfondie de leur composition, à sentir dans les *King* des beautés de style et des allusions intéressantes perdues pour ceux qui n'ont étudié que l'écriture vulgaire. Dans les caractères chinois ordinaires, les changemens qu'on a dû faire aux différentes parties qui les composent pour les réduire à n'occuper qu'un carré donné, ceux qu'on n'y a que trop souvent apporté par pur caprice ou par le soin frivole d'une plus grande élégance, dérobent quelquefois le sens originaire, et font perdre le fil des métaphores toujours ingénieuses et quelquefois sublimes, que les anciens avaient en vue. Ce n'est que par la lecture des meilleurs ouvrages publiés sur les *Lou chou*, du *Choue-wen* et d'autres traités de ce genre, qu'on peut découvrir les beautés de certains caractères, et c'est en ce sens que l'étude des caractères anciens est indispensable pour l'intelligence des caractères modernes.

Reste la considération des frais, qui seraient énormes s'il fallait graver en bois tous les caractères que demanderait chaque partie du plan que j'ai tracé. Mais il serait, je crois, possible de les réduire beaucoup par certains procédés, et dût-on, d'ailleurs, réunir sur des planches de cuivre tous les caractères chinois, et imprimer seulement les explications, la publication d'un pareil ouvrage n'entraînerait pas plus de dépenses qu'une foule de collections de gravures qui n'ont pas autant d'utilité, et qui ne trouvent pas un plus grand nombre d'acheteurs que n'en aurait celui-ci. Au reste, si l'on croit que la publication d'un pareil ouvrage serait une mauvaise spéculation, je n'ai rien à dire, car je ne prétends pas faire ni proposer de spéculation, mais seulement présenter les moyens de mettre la littérature chinoise au niveau des autres parties de la littérature orientale, et tracer le plan d'un *Thesaurus linguæ sinicæ*, qui serait pour le chinois ce que les travaux des *Etienne*, des *Forcellini*, des *Castel* et des *Meninski* sont pour les langues latine, grecque, arabe, turque et persane.

CHAPITRE IV.

Travaux des Européens sur la Grammaire et les Elémens de la langue chinoise. Plan d'une Introduction à l'étude de cette langue.

Je me suis à dessein abstenu, dans les chapitres précédens, de parler des grammaires et des autres ouvrages élémentaires destinés à faire connaître les principes de la langue chinoise et le mécanisme de son écriture. Ces objets méritaient un article à part, tant pour rappeler et apprécier ce qui a déjà été fait, que pour déterminer et proposer ce qui reste à faire. C'est à quoi je consacre ce quatrième chapitre, où, après avoir achevé l'énumération des principaux travaux des Européens sur le chinois, je compléterai le plan du Dictionnaire, en y ajoutant celui d'une introduction grammaticale et littéraire, qui présenterait réunis sous un seul point de vue un grand nombre de documens épars jusqu'à présent dans différens ouvrages.

Bayer (1) a donné dans la préface de son *Museum sinicum* une histoire très-détaillée et très-curieuse des progrès de la littérature chinoise chez les Européens. Fourmont s'est occupé du même objet dans ses *Meditationes*, (2) et dans sa *Grammatica sinica*. (3) Ainsi l'on peut trouver dans ces trois ouvrages une énumération complète des livres publiés jusqu'en 1730 d'une part, et 1742 de l'autre sur les différentes parties de la littérature chinoise; les jugemens qui y sont portés se distinguent en général par une grande impartialité, et méri-

---

(1) Mus. sin. Præf. pag. 8—84.
(2) Præf. pag. xj—xxiv.
(3) Præf. pag. xxv—xxx.

tent pour la plupart une entière confiance. Je me contenterai donc d'y renvoyer mes lecteurs, et sans revenir encore sur les essais de Kircher, Hyde, Muller, Mentzel, Spitzel et autres aujourd'hui presque oubliés, ce sera sur les grands ouvrages de Fourmont et sur ceux des sinologues qui l'ont suivi, que je porterai toute mon attention.

Fourmont avait d'abord composé sa grammaire en français et sur un plan beaucoup plus vaste que celui qu'il a depuis adopté dans sa *Grammatica sinica*. (1) La difficulté qu'il trouva à publier cet ouvrage, qui eût été très-volumineux, le lui fit réduire et diviser. Dans un premier traité qu'il fit paraître en 1737, il rassembla tout ce qui pouvait servir à la lecture des caractères chinois, les deux cent quatorze clefs, les tons, les voyelles et les consonnes. Dans le second, qui ne vit le jour qu'en 1742, il donna la grammaire proprement dite, avec le catalogue des ouvrages chinois de la Bibliothèque royale. Ce sont-là des travaux importans qui assurent à Fourmont un rang distingué parmi les philologues, et qui ne sont pas même indifférens à la gloire littéraire de la nation, puisque ce sont

---

(1) Gramm. sin. pag. ix.

les premiers ouvrages d'un mérite solide qu'on ait publiés en Europe sur la langue chinoise, et qu'ils sont encore à présent les seuls dont on puisse faire usage pour l'étudier.

Cependant on peut faire aux différens ouvrages de Fourmont quelques reproches assez graves ; dans les *Meditationes*, par exemple, un enthousiasme qui dégénère souvent en emphase, une prolixité excessive, une obscurité quelquefois impénétrable, un assez grand désordre dans l'exposition des faits rendent la lecture fatigante et peu profitable. L'auteur entiché d'une prétendue découverte de l'art de lire les caractères, au moyen d'une certaine analogie qu'il vante sans cesse et qu'il n'explique jamais, s'exagérant d'ailleurs les difficultés qui se trouvent à faire usage des Dictionnaires chinois, s'abandonne à son imagination, embrouille la matière au lieu de l'éclaircir, et non content d'être le premier Européen non missionnaire qui ait bien su le chinois, cherche perpétuellement à persuader à ses lecteurs qu'il a imaginé des méthodes, deviné le sens des caractères par l'analyse des traits qui les composent, exécuté en un mot des choses qui tiennent du merveilleux. On ne peut s'empêcher d'être surpris de tout ce manége, quand on sait que Fourmont avait pu prendre une idée suffisante des élémens du chinois, pendant plus de cinq ans qu'il avait travaillé avec *Hoang*, qu'il entretenait une correspondance suivie avec le P. de Premare et plusieurs autres savans missionnaires, et qu'enfin il pouvait se dispenser de *deviner* le sens des caractères chinois, ayant à sa disposition le Dictionnaire du *P. Diaz* et plusieurs autres ouvrages élémentaires. (1)

Dans la *Grammatica sinica*, on ne retrouve que trop de traces du même système d'exagération. A en croire Fourmont, c'est uniquement dans les livres chinois, lus et pénétrés à force de travail et comme par divination, qu'il a puisé tout ce qu'il dit des particules, de la construction des phrases, et jusqu'aux formules de civilité si bizarres à la Chine, et si inintelligibles pour qui n'en a pas la clef. Or, la pénétration d'un savant tel qu'était Fourmont peut bien aller jusqu'à suppléer aux connaissances élémentaires, et à deviner même les règles grammaticales d'une langue, quand on a des livres originaux, de bonnes traductions de ces livres, et des Dictionnaires; mais il est

---

(1) Medit. sin. pag. 138.

tout-à-fait incroyable qu'on devine certaines choses qui dépendent du caprice, de la mode, et d'une foule de circonstances incalculables. Nous savons d'ailleurs, par l'aveu de Fourmont lui-même, (1) qu'il avait entre les mains la grammaire du P. Varo, (2) et un assez grand nombre d'autres ouvrages grammaticaux, à n'y pas comprendre même la *Notitia linguæ sinicæ* du P. Premare, dont il s'est fort défendu d'avoir eu connaissance avant la composition de la sienne. (3) Je ne voudrais pas accuser légèrement Fourmont de plagiat et d'infidélité; mais enfin il y a là dedans quelque

---

(1) Gramm. sin. p. xxv.

(2) Composée en espagnol au commencement du dix-huitième siècle, revue peu de temps après par quelques missionnaires franciscains, gravée sur bois par le père Placide de Vals, et imprimée à Canton en 1703, avec une *courte méthode pour faire et écouter les confessions*, par le P. Basile de Glemona, de l'ordre des Frères Mineurs. Un petit volume in-8°.

(3) Voyez dans le catalogue de ses ouvrages et à la fin des *Meditationes*, différentes pièces relatives à cette grammaire, et à la *Notice* du P. Prémare. Quelle que soit l'autorité de ces pièces, il reste toujours un fait bien singulier à expliquer : c'est l'extrême ressemblance des deux ouvrages, ressemblance qui porte jusque sur les détails et le choix des exemples, au dire de Fourmont.

chose que je ne comprends pas, et qui ne peut guère s'expliquer qu'en supposant qu'il a quelquefois grossi les difficultés de la langue et dissimulé quelques-uns des secours que lui fournissaient ses prédécesseurs, pour relever encore l'importance de ses travaux, déjà si estimables par eux-mêmes.

Quant au mérite de la grammaire de Fourmont, et à l'utilité dont elle peut être pour apprendre le chinois, il y a plusieurs choses à dire. En premier lieu, on voit par son titre même qu'elle est destinée à faire connaître les règles du *Kouan hoa*, ou de la *langue mandarine*, telle que les gens instruits la parlent à la Chine. Dès-lors on n'y doit pas chercher les principes du *Kou-wen* ou de la langue des *King*, ni du *Wen-tchhang* ou des compositions oratoires; et effectivement, après avoir bien étudié cette grammaire, on peut être fort étonné en ouvrant un livre, et surtout un livre ancien, de n'y trouver ni les marques des cas et des temps, ni les particules, ni le système phraséologique exposé par Fourmont. C'est une autre langue, pour laquelle on aurait besoin d'une autre grammaire. On peut donc apprendre à parler chinois avec l'ouvrage de Fourmont, mais il est à peu près inutile pour l'intelligence des livres. En second lieu, pour enseigner le *Kouan hoa* ou la langue parlée, Fourmont a adopté une méthode calquée sur nos grammaires d'Europe; or, quoique le style *Kouan-hoa* soit plus riche en formes grammaticales et en signes propres à marquer les rapports des mots et des phrases que le *Kou wen* et le *Wen tchhang*, et qu'en cela il se rapproche davantage des autres langues, c'est mal proportionner les moyens au but, et augmenter les difficultés au lieu de les alléger, que de donner une théorie grammaticale là où un simple traité des particules pourrait suffire. C'était-là une des principales observations que faisait contre la grammaire de Fourmont, un missionnaire que le duc d'Antin avait chargé de l'examiner. (1) « Bien loin de commencer par les élémens du chinois, dit ce missionnaire, et de se faire écolier, M. Fourmont

---

(1) Il se nommait *Guigue* : Deguignes, qui parle de lui, dit qu'il ne savait que la langue parlée, et qu'il n'entendait rien aux caractères. L'examen de la grammaire de Fourmont, dont je possède une copie, prouve que ce jugement est trop sévère, et que Guigue connaissait assez la langue écrite, pour relever un grand nombre d'erreurs de différens genres dans le travail de Fourmont.

a voulu être maître avant d'avoir été disciple. Le premier usage qu'il a fait des instructions du sieur *Hoang* a été de composer une grammaire, comme il le dit dans le catalogue de ses ouvrages, page 47; et jusqu'à présent il s'est appliqué à composer des grammaires et des Dictionnaires chinois. C'est ce qu'aurait pu faire M. Fourmont après avoir passé dix ou douze ans en Chine, toujours appliqué à l'étude du chinois avec d'habiles maîtres : il a commencé par où il devait finir. » Et plus loin : « J'ai fait tout ce que j'ai pu pour éviter l'examen de cet ouvrage, surtout après que M. de Montigny l'eut approuvé. Je suis persuadé, comme je l'ai dit ci-dessus, que cet ouvrage ne peut être bon qu'à empêcher d'apprendre le chinois à ceux qui voudront s'en servir. » Rectifions ce qu'il peut y avoir d'outré dans ce jugement en disant que la grammaire de Fourmont peut être bonne pour apprendre la langue mandarine, mais qu'elle présente l'exposition de règles presque étrangères à la langue des livres, nous ne craindrons pas d'être démentis par ceux qui ont fait du chinois, l'objet d'une étude littéraire.

C'est à regret que je me vois forcé de passer sous silence la grammaire du P. Varo, dont les exemplaires sont très-rares en Europe, et celle du P. Prémare que je n'ai pu retrouver. Ce dernier ouvrage a partagé le sort de presque tous les manuscrits qui ont appartenu à Fourmont : ils ont été dispersés, ou ont passé entre les mains de personnes étrangères à la littérature chinoise, qui les laissent enfouis dans leurs bibliothèques. Celui-ci, au reste, à cause de son importance et de la destination que lui avait donnée son auteur, devrait se trouver dans la Bibliothèque impériale.

Après le jugement que j'ai cru devoir porter des ouvrages de Fourmont, il n'est pas nécessaire que je parle de l'abrégé de grammaire inséré dans la compilation de Duhalde, (1) ni surtout de quelques essais du même genre rapportés par Barrow (2) et d'autres voyageurs, car il n'en est presque aucun qui, de retour d'un voyage en Chine, ne se croie obligé de donner à ses lecteurs une idée de la langue de cet empire, et qui n'imagine s'être acquitté de ce devoir en copiant tant bien que mal quelques lambeaux de Fourmont ou des missionnaires. Si les voyageurs ne mettaient dans leurs relations que ce qu'ils ont eux-mêmes

_____

(1) In-4°, t. 2, pag. 279.
(2) T. 1, pag. 440 et suiv.

observé, et en écartaient tout ce qui se trouve ailleurs et ce qui est connu de tout le monde, au lieu de trois ou quatre volumes, ils se réduiraient le plus souvent à un petit nombre de pages; mais leurs ouvrages seraient plus goûtés des gens instruits, que fatiguent la répétition des mêmes choses, et leur continuelle attention à apprendre à tout le monde ce que personne n'ignore.

On trouve dans la dissertation de Deshauterayes sur les langues, (1) un article fort bien fait sur le chinois, avec une explication des deux cent quatorze clefs. Des renseignemens non moins curieux se trouvent consignés dans une lettre du P. Mailla au P. Souciet, insérée par Deguignes à la fin du *Chou-king* du P. Gaubil. (2) La lettre du P. Amiot (3) à l'occasion du paradoxe de Needham sur les hiéroglyphes égyptiens, contient des détails et des réflexions curieuses sur les anciens caractères, et le mémoire sur l'origine des différentes sortes de caractères chinois employés dans l'éloge de

---

(1) Encyclop. élément. de Petity, tom. 2, 2ᵉ partie, pag. 624—666.

(2) Pag. 380—398.

(3) Lettre de Pekin, etc. Bruxelles, 1773. in-4°.— réimprimée dans le tom. 1 des Mémoires sur les Chinois.

Moukden, (1) inséré par le même auteur à la suite de sa traduction du poëme de *Khianloung*, n'est pas non plus sans intérêt. Les tomes VII et VIII des Mémoires chinois renferment deux dissertations du P. Cibot qui peuvent donner des caractères chinois une idée plus juste que d'autres traités plus volumineux. Enfin, les *Remarques philologiques* de M. Montucci, le dernier ouvrage publié sur cette matière, occuperait un autre rang dans cette énumération, si je n'y avais pas suivi l'ordre chronologique. Beaucoup d'erreurs y sont rectifiées; l'auteur, ne sacrifiant rien à l'autorité, a osé avoir raison même contre les missionnaires, et si le ton qu'il a quelquefois donné à ses assertions lui a attiré quelques attaques, il a montré par la manière dont il a su les repousser, qu'il n'avait rien avancé à la légère, et il s'est même assuré l'estime de ceux de ses adversaires qui n'avaient en vue que l'avancement des lettres et l'amour de la vérité. (2)

---

(1) Elog. de Moukd. pag. 127.

(2) Je ne parle pas ici des ouvrages de M. Klaproth, parce que cet habile sinologue paraît s'être peu occupé des difficultés qui hérissent l'entrée de la littérature chinoise; il a mieux aimé mettre à profit la profonde connaissance qu'il a acquise du Chinois pour éclaircir des points d'his-

Précisément à la même époque, M. Marshman publiait dans l'Inde le texte de la première partie du *Lun-iu*, accompagné d'une traduction et d'un commentaire en anglais, et précédé d'une dissertation sur la langue chinoise et ses caractères. (1) Ce n'est point ici le lieu d'examiner la version du *Lun-iu*, et je me propose d'en faire l'objet d'une notice particulière. Mais quelques réflexions sur la dissertation préliminaire doivent naturellement trouver place dans ce chapitre, destiné à la critique des ouvrages élémentaires et grammaticaux sur le chinois.

L'auteur commence par des considérations sur la nature des langues en général, et des écritures soit alphabétique ou symbolique, soit imitative : ce sont ses expressions. Il s'étend très-longuement sur les avantages respectifs des unes et des autres, sur le rapprochement des clefs ou caractères primitifs des Chinois avec les syllabes des autres langues, sur le nombre

---

toire et d'antiquités, et s'avancer à grands pas dans la route que d'autres se chargeaient d'applanir.

(1) The Works of Confucius, with a translation, vol. 1. to which is prefixed a dissertation on the chinese language and character, by J. Marshman. Serampore, printed at the Mission press. 1809. gr. in-4°.

de ces caractères primitifs et sur leur groupement; il distingue quatre classes de caractères en tant que composés d'une seule clef, de deux, de trois, de quatre ou d'un plus grand nombre. Ses idées sur la métaphysique du langage sont justes, mais quelquefois obscures comme celles d'Harris dont il aime à invoquer le témoignage. D'ailleurs, le genre d'analyse auquel il soumet les caractères dans cet article, a bien été employé par *Tching-jin*, *Hiu-chi* et autres philologues systématiques, mais il me paraît peu propre à éclairer les lecteurs sur la véritable nature de la langue chinoise; et je crois que le sinologue anglais lui a accordé une trop grande place dans sa dissertation.

M. Marshman admet le système des deux cent quatorze clefs sans en mentionner aucun autre: il semble qu'à la manière de Fourmont il l'envisage comme la base de la langue; et le tableau encyclopédique des signes destinés à représenter par eux-mêmes les idées premières, et par leur groupement les combinaisons et les modifications des idées secondaires. Mais quoique, dans cette notice même, je me sois déclaré pour les deux cent quatorze clefs, à cause des avantages qu'elles présentent pour la recherche des caractères, je ne puis m'empêcher de remarquer que ce serait une grande erreur de les regarder comme les signes abstraits et primitifs, d'après lesquels un *deep divan*, comme le dit l'auteur anglais, aurait construit les caractères chinois. Loin que ceux-ci aient été formés par des philosophes suivant des règles abstraites et un système arrêté sur les deux cent quatorze clefs, ce sont au contraire les deux cent quatorze clefs qui ont été extraites des caractères par certains lexicographes, pendant que d'autres, suivant un autre mode d'analyse, en reconnaissent les uns soixante, les autres trois cent, quatre cent quarante-cinq, ou même un plus grand nombre. (1)

Dans la seconde partie, M. Marshman traite des sons de la langue chinoise, d'après le *Tseu-tian*, qu'il cite toujours sous le titre de *Dictionnaire impérial*. Ce qu'il dit sur les consonnes et les voyelles est conforme à la méthode adoptée dans ce Dictionnaire, où ces objets sont traités avec détail, et s'il faut le dire, avec un trop grand détail, une simple table des monosyllabes chinois pouvant facilement tenir lieu de toutes les règles analytiques qui y sont exposées, et que les Chinois n'ont établies que

(1) Voy. les Rem. philol. p. 126.

parce qu'ils n'avaient pas, comme nous, des *lettres* pour y suppléer. M. Marshman n'oublie pas la conformité observée par W. Jones entre l'ordre syllabique des Chinois et celui des Hindous; il donne même quelques développemens à cette idée, mais il ne rend point raison de ce fait singulier : la seule explication qu'il propose, qui est *que ce système aurait été donné aux Chinois par les Tartares*, (1) me paraît si extraordinaire, et les raisons dont il se sert lui-même pour la réfuter, si faibles en comparaison de celles que pouvait suggérer une idée aussi insoutenable, qu'elles ne sauraient manquer d'étonner dans un ouvrage aussi estimable.

Il parle ensuite des tons qu'il met comme tous les modernes au nombre de quatre; du nombre des mots prononcés qu'il porte à deux mille cent soixante-dix-huit, et à quatre mille cinquante, en admettant une distinction assez délicate des sons en *ouverts* et *fermés*; de la prononciation mandarine, à laquelle il préfère la dialecte de Canton, la plus importante pour

___

(1) On first observing it, the thought occured to the writer, that it might possibly have originated with the présent dynasty, and the idea of it have been borrowed from the Tartar system of letters. *Dissert.* pag. xl.

un Anglais, dit-il, et celle que ses compatriotes ont le plus d'occasions de parler. Tous les mots chinois qu'il cite sont en conséquence prononcés à la manière de Canton et orthographiés à l'anglaise, ce qui les rend à peu près méconnaissables pour un lecteur français accoutumé à la prononciation *mandarine*.

Dans sa troisième partie, l'auteur traite de la grammaire, suivant une méthode analogue à celle de Fourmont, mais plus simple et plus conforme au goût chinois. Ses exemples sont tous empruntés du *Lun-iu*; et dans un petit nombre de cas seulement il fait remarquer quelques différences entre le style de ce livre, celui des commentaires, et la manière de parler usitée dans la conversation. Il n'établit au reste nulle part l'existence des trois systèmes phraséologiques. Le défaut de caractères chinois m'empêche de discuter ici quelques endroits où M. Marshman ne me paraît pas avoir saisi le véritable sens des mots ou la construction des phrases ; je me contenterai des observations suivantes. *Ni* (mandar. *niu*, cl. 38.) ne se prend pas pour le pronom de la seconde personne absolument, et comme signifiant *femelle, fille*, (1) mais comme variante du caractère *jou*

---

(1) The second personal pronoun is expressed in a few

(cl. 85. tr. 3). Cette phrase *Kouei-iu, kouei-iu*, *ou tang-tchi siao tseu*, doit s'entendre ainsi : *Retournez, retournez, enfans de ma compagnie,* et non comme le met M. Marshman : *Return home, return home, my company of little ones*, (1) ce qui ferait de la particule *tchi* la marque d'un génitif postposé, absolument étranger au chinois. *Tsai* (cl. 32, tr. 3) n'exprime jamais le passé du verbe *être*, ni *'wei*, (cl. 87. tr. 8) une sorte de gérondif : (2) le premier signifie *inesse, versari*, et le second *esse, existere*, sans aucune distinction de temps. Il est étonnant qu'un sinologue en état de traduire le *Lun-iu* ait pu croire un seul instant que *iu* (moi, cl. 6. tr. 3) était le *cas oblique du pronom de la première persone*. (3) Ce petit nombre de remarques suffira pour le moment. J'en pourrai faire quelques autres en examinant dans une autre occasion la version du *Lun-iu.*

---

instances in this volume, by the character *Nee*, which properly signifies a female. *Diss.* p. lxxxiv.

(1) Ib. p. lxxxvj.

(2) *Choy* (*Tsai*) is often used to express the past tense of the verb *is*. the character *wy* (*'wëi*), too, although generally used as a kind of gerund; etc. ib. p. cj.

(3) Ib. p. lxxxiij.

Au reste, M. Marshman paraît avoir eu peu de secours littéraires dans ses études chinoises : il ne cite aucun ouvrage élémentaire, et ne connaît Fourmont et les Mémoires des missionnaires que par les citations de M. Hager ; (1) ce n'est qu'après qu'il eut fait une grande partie de son travail qu'un de ses amis lui montra l'ouvrage de Duhalde ; (2) c'est de l'autorité de ce compilateur qu'il croit devoir s'appuyer pour déterminer la première année du règne de *Khang-hi*, (3) et pour distinguer les noms de de quelques empereurs, d'avec ceux de leurs dynasties respectives. (4) Enfin l'auteur avoue lui-même qu'il n'a eu que le secours de quelques Chinois instruits pour apprendre leur langue, (5) ce qui explique assez bien la nature des connaissances dont il fait preuve, connaissances à la fois profondes et entièrement dénuées de tout appareil d'érudition.

C'est en mettant à contribution ces différens ouvrages, sans négliger trop les anciens, mais

―――――――――――

(1) Ib. p. ij et xxij.
(2) Life of Confucius, p. xxxviij.
(3) Ib. p. xxiv.
(4) Ib. p. ciij.
(5) Life of Confucius, pag. xxxviij ; Dissert. p. lxxxix, et ailleurs.

surtout sans oublier de recourir aux originaux et d'y vérifier tous les faits un peu importans, qu'on pourrait rédiger l'introduction à la langue chinoise dont je parlais au commencement de ce chapitre. Sans avoir la prétention d'asservir à mes idées particulières le savant qui se chargera de composer cet ouvrage, je crois devoir rappeler en peu de mots les principaux objets qui devront y trouver place.

On donnerait une idée générale de la langue chinoise, et l'on montrerait en quoi précisément elle s'éloigne de toutes les autres langues. Considérant d'abord isolément les mots qui la composent, on établirait d'une manière claire la distinction de la langue parlée et de la langue écrite. La première, pauvre et fort imparfaite, est celle d'une tribu à peine civilisée, elle consiste en un petit nombre de sons continuellement répétés et qui fatiguent l'oreille : on peut l'apprendre comme les autres langues en quelques mois, si l'on se trouve au milieu de gens qui la parlent. L'autre, riche en expressions, et formée d'après des principes savans, sert de moyen d'intelligence à une nation de philosophes : elle se compose d'une foule de symboles dont les combinaisons varient à l'infini, et qui charment l'esprit et l'imagination à proportion de l'étude plus ou moins approfondie qu'on en a faite. On ferait sentir cette différence par des exemples accompagnés d'un commentaire.

Pour épuiser d'abord ce qui concerne la langue parlée, on donnerait la liste des mots qu'elle contient; on expliquerait les quatre tons, l'accent guttural ou aspiré, les différentes prononciations provinciales, etc. On ferait voir comment un petit nombre de mots servent à prononcer un grand nombre de caractères; ceux-ci se groupent nécessairement en séries homophones, d'où peuvent résulter un grand nombre d'équivoques dans la lecture. On ferait voir que ces équivoques s'évitent en accouplant des mots synonymes ou antithétiques. On prouverait par des exemples qu'il y a en chinois beaucoup de mots polysyllabiques qui s'écrivent avec plusieurs caractères. Enfin, on expliquerait les rapports artificiels que les Chinois ont établis entre leur langue et leur écriture; comment dans certaines circonstances ils restreignent quelques signes symboliques à n'exprimer que des sons, et comment à l'aide du *Tsieï*, ils savent distinguer des consonnes et des voyelles, et se faire une sorte d'alphabet.

Passant à la langue écrite, on rechercherait son origine; les plus anciens monumens qui

Tels sont les objets élémentaires dont on devrait trouver l'exposition dans l'introduction à la langue chinoise. La plupart ont déjà été enseignés dans les ouvrages que j'ai mentionnés précédemment. Mais s'ils étaient réunis dans un seul traité, et convenablement développés, je crois qu'on en tirerait une grande utilité pour l'étude du chinois, et que l'ouvrage qui les contiendrait, joint au Dictionnaire dont j'ai donné plus haut l'esquisse, pourrait tenir lieu de tout autre livre élémentaire, et mettre dans l'espace de peu d'années tout homme un peu studieux en état de lire et d'entendre les livres chinois, de quelque époque qu'ils soient, en quelque style qu'ils soient conçus, et de quelque matière qu'ils traitent. C'est à quoi l'on ne parviendrait jamais que très-difficilement à l'aide des seuls Dictionnaires des missionnaires, quelque bons qu'ils soient, et tant qu'on sera obligé de rechercher les documens grammaticaux et littéraires disséminés dans vingt volumes, de les comparer, de les discuter, avant d'aborder seulement les élémens de la langue.

FIN.

www.ingramcontent.com/pod-product-compliance
Lightning Source LLC
LaVergne TN
LVHW050609090426
835512LV00008B/1409